W0199947

Verbindung von Körper, Geist und Seele

Power-Yoga – ein Begriff, der in den USA seinen Ursprung hat, ist eine westliche Ableitung des Ashtanga Vinyasa Yoga. Es wird davon ausgegangen, dass das Yoga-System bis zu 5000 Jahre alt ist. Durch den indischen Yoga-Meister Pattabhi Jois wurde es in den 70er Jahren des 20. Jahrhunderts auch im Westen populär. Bei dieser dynamischen Art zu üben findet eine Synchronisierung von Atem und Bewegung statt, so dass die Asanas (die Yogastellungen) geschmeidig ineinander übergehen.
Dieses hervorragende System trainiert Ausdauer, Flexibilität, Koordination, Kraft und Konzentration.
Gerade heute im Zeitalter der raschen Kommunikation, der Bewegung, und des schnellen Wandels suchen viele Menschen vermehrt nach einem Ruhepol.
Es ist aber gar nicht so einfach, nach einem anstrengenden Tag auf Knopfdruck abzuschalten, indem man sich ruhig hinsetzt und versucht in sich zu kehren und zu entspannen.
Oft ist es einfacher sich erst einmal so richtig »auszupowern«. Der Kopf ist danach meistens freier und klarer, doch häufig fühlt man sich dann auch oft im wahrsten Sinne des Wortes »ausgepowert«, nämlich müde und ausgelaugt.
Bei Power-Yoga ist es anders, hier laden Sie den Körper während des Übens auf und energetisieren ihn. Durch Schwitzen wird die Entgiftung anregt, die Energien kommen zum Fließen. Das Ergebnis ist ein Gefühl von innerer und äußerer Frische, von richtiger Power. Die positive Wirkung der Stärke und Ausgeglichenheit wird langfristig im Alltag spürbar.
Power-Yoga ist auch ein idealer Ausgleich zu vielen Sportarten. Bei den meisten wird der Bewegungsapparat einseitig belastet, was Muskelverkürzungen, Verspannungen und Verletzungen zur Folge haben kann.
(Power-)Yoga fordert den Körper in seiner Ganzheit: Jeder Muskel, jede Sehne wird angesprochen, was zu einer inneren und äußeren Harmonie führt.

Yoga eignet sich für jeden – für Alte und Junge, für Sporteinsteiger und für Könner, für Kinder, Frauen und Männer.

Die Lebensenergien zum Fließen bringen

... das möchten wir wohl alle – unsere Lebensenergien bewahren und vermehren, sie wie eine unerschöpfliche Quelle sprudeln lassen, um daraus die Kraft zum Leben zu schöpfen, ohne Blockaden und Hemmnisse. Power-Yoga kann zu Gesundheit und Wohlbefinden verhelfen.

Schon die alten griechischen Philosophen ernannten das Panta-rhei zu ihrem Leitsatz: »Alles fließt«, alles Leben ist Bewegung. Man weiß jedoch, dass die Wurzeln dieser Philosophie im Osten liegen.

Die Atmung

Der Atem, die Brücke zwischen Körper und Geist, funktioniert einerseits automatisch, andererseits können wir ihn bewusst kontrollieren und verändern.
Setzen wir ihn effizient ein, so hilft er uns, tiefer in das Yoga-System einzudringen. Dehnung, Kraft, Ausdauer und Gleichgewicht können wir mit ihm beeinflussen. Er steuert so den Bewegungsrhythmus jeder einzelnen Yoga-Stunde. Mit der Ujjayi-Atmung, einer tiefen Brustatmung, geben Sie den Rhythmus für Ihr Üben an.

Was ist die Ujjayi-Atmung?

Sie entfacht das »innere Feuer«. Mit dieser Atemtechnik wird der Energiefluss im Körper verstärkt angeregt. Durch die Kombination von Brustatmung und angespannter Beckenbodenmuskulatur wird vermehrt Hitze produziert, der Körper kommt rasch zum Schwitzen, die inneren Organe werden gereinigt und der Stoffwechsel angeregt.

Wie funktioniert sie?

▲ Atmen Sie nur durch die Nase, ziehen Sie die Stimmritze leicht zusammen, so dass beim Atmen ein leichtes Rauschen zu hören ist. Sie atmen durch die Nase ein und zunächst durch den Mund – mit dem Laut »Hhaa« – aus. Versuchen Sie nun den gleichen Laut mit geschlossenem Mund herzustellen und atmen Sie nur noch durch die Nase.

▲ Die leichte Verengung durch die Stimmritze ermöglicht eine bessere Kontrolle über den Atem.

▲ Mit der Ujjayi-Atmung können Sie die Bandhas (siehe Seite 6) mit aktivieren.

▲ Üben Sie anfänglich in der stabilen Sitzhaltung oder auch im Stehen.

Die stabile Sitzhaltung

▲ Die Knie sollten nicht höher als die Hüfte sein: Mit einer entsprechenden Unterlage (gefaltete Decke oder höheres Kissen) kommen Sie in die richtige Position. Sitzen Sie mit den Sitzknochen an der Vorderkante Ihrer Unterlage. Die Hände ruhen entweder auf den Knien, den Schenkeln oder im Schoß.

▲ Achten Sie darauf, dass Sie bequem sitzen und vor allem, dass Ihre Wirbelsäule gerade ist, denn nur so können Sie die Atmung in »vollen Zügen« spüren.

▲ Sie schließen die Augen und atmen jetzt nur noch durch die Nase – und beobachten einfach eine Weile Ihre Atmung.

▲ Beginnen Sie dann mit der vorher beschriebenen Ujjayi-Atmung.

Die Bandhas

Diese »Energieverschlüsse« lenken und halten die beim Üben erzeugte Energie. Gleichzeitig sind die Bandhas auch in Kombination mit der Ujjayi-Atmung starke Konzentrationspunkte, einerseits auf der physiologischen Ebene in Form von Kontraktion verschiedener Muskelstränge, andererseits auf der mentalen Ebene, weil sie beim Üben der Asanas den Geist ruhig und konzentriert auf das augenblickliche Tun halten.

Besondere Wichtigkeit haben Mula-Bandha und Uddyana-Bandha.

Um **Mula-Bandha** zu aktivieren, spannen Sie sowohl beim Einatmen als auch beim Ausatmen die Muskeln zwischen Anus und Geschlechtsorganen an, also die gesamte Beckenbodenmuskulatur.

Uddyana-Bandha befindet sich im Bereich des Nabels. Ziehen Sie diesen leicht nach innen und oben, vor allem bei der Ausatmung.

Nach einiger Zeit werden Sie die Bandhas deutlich spüren und ihre Verbindung zueinander immer stärker wahrnehmen.

Versuchen Sie nun im nächsten Schritt die Ujjayi-Atmung mit den Bandhas zu kombinieren:

▲ Spannen Sie die Beckenbodenmuskulatur an und gleichzeitig die Bauchdecke, indem der Bauchnabel leicht in Richtung Wirbelsäule zieht. Halten Sie die Spannung während der Ein- und Ausatmung und füllen Sie Ihren Brustkorb maximal mit Sauerstoff. Der Brustkorb erweitert sich bei der Einatmung und wird bei der Ausatmung kleiner. Die Lungenkapazität wird optimal ausgenutzt und trainiert.

Praktische Tipps

Was brauchen Sie?

▲ Einen ruhigen, angenehm temperierten Raum.

▲ Bequeme, luftdurchlässige Kleidung, keine Schuhe, keine Socken.

▲ Eine rutschfeste Matte erleichtert das Üben.

▲ Eine Decke oder ein Handtuch, eventuell ein Kissen.

▲ Etwas Zeit: eine halbe bis eine Stunde.

▲ Etwas Ruhe: Stellen Sie deshalb das Handy während des Übens aus.

Worauf sollten Sie vor dem Üben achten?

▲ Fragen Sie einen Arzt, falls Sie körperliche Beschwerden haben oder sich unwohl fühlen.

▲ Während einer Schwangerschaft ist abzuraten mit Power-Yoga zu beginnen.

▲ Die letzte schwere Mahlzeit sollte ca. vier Stunden zurückliegen, eine leichte etwa zwei Stunden.

▲ Bei jeder sportlichen Betätigung und auch beim regelmäßigen Üben von Yoga ist es wichtig, auf eine erhöhte Flüssigkeitszufuhr zu achten. Allerdings füllen Sie den Flüssigkeitsverlust beim Power-Yoga erst am Schluss auf: Verzichten Sie während des Übens auf Getränke. Auf Grund der Hitze, die durch die intensive Atmung entsteht, entgiftet der Körper schneller. Dieser Prozess würde durch Trinken verlangsamt werden.

Warm-up

Versuchen Sie bei den nächsten Stellungen, Atem und Bewegung zu verbinden.

Brett

▲ Gehen Sie in den Vierfüßlerstand. Die geöffneten Hände befinden sich genau unter den Schultern, die Hüfte über den Knien.

▲ Führen Sie beide Beine hüftbreit nach hinten, bis der Körper von den Fersen zum Kopf eine gerade Linie bildet, wie ein »Brett«.

▲ Die Mittelfinger zeigen direkt nach vorn, die Ellbogen sind gestreckt. Die Oberarme rollen, ohne die Hände zu verschieben, leicht nach hinten einwärts, um Raum zwischen den Schulterblättern zu schaffen.

▲ Die Oberschenkel- und die Gesäßmuskulatur sind leicht angespannt.

▲ Die Bandhas sind aktiviert, der untere Rücken ist somit geschützt.

Nach unten schauender Hund (Adhomukha Svanasana)

▲ Sie befinden sich in der Brett-Stellung. Atmen Sie ein und schieben Sie mit der Ausatmung das Gesäß nach oben. Hände und Zehen bleiben unverändert.

▲ Wiederholen Sie diese Bewegung etwa fünfmal. Bei der Einatmung befinden Sie sich in der Brett-Stellung, mit der Ausatmung gehen Sie in die Hunde-Stellung.

▲ Bleiben Sie nun einige Atemzüge im Nach unten schauenden Hund.

▲ Drücken Sie jeden Finger fest in den Boden, die gestreckten Arme rollen leicht einwärts nach hinten. Der Schultergürtel wird dabei breit.

▲ Entlasten Sie die Schultern, indem die Wirbelsäule gestreckt wird. Das Gesäß und das Steißbein streben nach oben.

▲ Arbeiten Sie aktiv mit den Beinen. Die Füße sind hüftbreit auseinander, die Kniescheiben ziehen leicht nach oben (spannen Sie die Oberschenkel an), während die Fersen nach unten ziehen. Versuchen Sie den ganzen Fuß auf den Boden zu bringen,

Tipps und Info

• Wenn die nötige Dehnung nicht vorhanden ist, wird dieses Asana oft als anstrengend empfunden. Versuchen Sie dann mit Hilfe einer sanften ruhigen Atmung, die Anstrengung auszubalancieren. Gleichzeitig können Sie die Knie beugen, halten Sie aber die Wirbelsäule in jedem Fall gestreckt.

• Der Nach unten schauende Hund gehört zu den Umkehrhaltungen und hat somit eine beruhigende und entspannende Wirkung, in Kombination mit anderen Asanas auch eine erhitzende.

ohne mit den Händen näher zu den Füßen zu kommen.

▲ Der Kopf hängt entspannt nach unten.

Aufschauender Hund (Urdhavamukha Svanasana)

▲ Aus der Brett-Haltung oder aus dem Nach unten schauenden Hund rollen Sie über die Zehen nach vorn. Der Abstand von Händen und Füßen bleibt konstant.

▲ Öffnen Sie maximal die Brust, indem Sie das Brustbein heben. Drücken Sie beide Hände fest in den Boden, rollen Sie die Schultern nach hinten. Der Bauchnabel zieht nach innen und oben, um ein Durchhängen des unteren Rückens zu vermeiden.

▲ Die Oberschenkel sind angespannt und ziehen die Kniescheiben leicht nach oben.

▲ Nur Hände und Fußrist berühren den Boden, der Rest des Körpers ist in der Luft.

Der Sonnengruß (Surya Namaskar)

Er ist eine Anreihung von Asanas. In welcher Version er praktiziert wird, ist abhängig von der jeweiligen Yoga-Richtung.
Beginnen Sie mit drei bis fünf Sonnengrüßen. Weniger Geübte belassen es zunächst beim vorher beschriebenen Warm-up.

Berg (Tadasana)

▲ Der Berg ist die Grundhaltung aller Stehhaltungen.

▲ Dabei stehen beide Füße parallel und eng zusammen.

▲ Spüren Sie die Füße gleichmäßig und fest auf der Erde. Von dieser Basis ausgehend ziehen Sie die Innen- und Außenknöchel leicht nach oben, während die Fersen gleichzeitig in den Boden drücken.

▲ Spannen Sie die Oberschenkel etwas an und ziehen Sie die Kniescheiben nach oben.

▲ Die Wirbelsäule ist lang, der Scheitelpunkt strebt ebenfalls nach oben.

▲ Die Arme und Schultern sind leicht nach außen und hinten gedreht.

▲ Der Nacken ist lang, das Kinn etwas zurückgezogen.

▲ Die Bandhas sind in dieser Haltung aktiviert.

▲ Der Blick ist sanft, sowohl nach innen als auch nach außen gerichtet.

▲ Lassen Sie sich einige Atemzüge Zeit, Ihren Körper bewusst in dieser Haltung zu erfahren. Spüren Sie die energetische Verbindung von Ihren Füßen zwischen Erde und Himmel.

▲ Nehmen Sie das Gefühl der Zentriertheit, der Balance und der inneren Gelassenheit in die Yoga-Stellungen mit.

Die Reihenfolge

1. Einatmen: Sie stehen in der Berg-Stellung und heben beide Arme gestreckt über die Seite nach oben. Blicken Sie zu den Daumen.

2. Ausatmen: Beugen Sie sich nach vorn und legen Sie die Handflächen neben die Füße. Am Anfang können Sie die Hände auch dorthin legen, wo Sie zu diesem Zeitpunkt hinkommen (Foto Mitte).

3. Einatmen: Heben Sie nun den Kopf, schauen Sie nach vorn und strecken Sie dabei den Rücken (Foto rechts).

4. Ausatmen: Kommen Sie in den Liegestütz: Verlagern Sie das Gewicht auf die Hände, gehen oder springen Sie nach hinten. Dabei beugen Sie die Arme ganz nah am Körper, die Ellbogen zeigen nach hinten. Am Anfang bringen Sie die Knie zum Boden (Foto Seite 12 links oben).

5. Einatmen: Kommen Sie in den Aufschauenden Hund. Rollen Sie über die Zehen

nach vorn, bis die Arme gestreckt sind. Der restliche Körper hebt sich vom Boden, die Brust öffnet sich nach vorn. Der Bauchnabel zieht nach innen und oben, so wird der untere Rücken nicht mit dem Körpergewicht belastet (Foto rechts oben).

6. Ausatmen: Rollen Sie wieder über die Zehen zurück, während das Becken nach oben strebt. Die Füße sind hüftbreit voneinander entfernt. Verteilen Sie nun ihr Gewicht gleichmäßig auf Hände und Füße, ohne diese dabei von ihrem Platz zu bewegen. Die Wirbelsäule ist lang gezogen, der Nacken entspannt. Ziehen Sie die Schultern nach oben, weg von den Ohren in Richtung Gesäß. Lassen Sie den Kopf dabei locker nach unten hängen. Bleiben Sie fünf Atemzüge lang im Nach unten schauenden Hund (Foto Seite 12 links unten).

7. Einatmen: Gehen oder springen Sie zwischen die Hände, schauen nach vorn und strecken Sie den Rücken. (Foto Seite 12 rechts unten)

8. Ausatmen: Lassen Sie Oberkörper und Kopf in Richtung Beine sinken (Foto Seite 13 links unten).

9. Einatmen: Heben Sie den Oberkörper und beide Arme gestreckt über den Kopf und blicken Sie zu den Daumen. (Foto rechts)

▲ Bei der nächsten Ausatmung nehmen Sie die Arme nach unten und kommen wieder in die Berg-Stellung zurück.

Das innere und äußere Gleichgewicht

Stehhaltungen lassen uns bewusst mit beiden Beinen am Boden stehen und diese Erdgebundenheit vermitteln sie bis in den Alltag hinein. Da die Stehhaltungen uns auch Balance abverlangen, gelangen wir durch sie zu einem Gefühl der Leichtigkeit und der nach oben grenzenlosen Offenheit.

Zehenhaltung
(Padangustasana)

▲ Aus der Berg-Haltung (Seite 10) heraus öffnen Sie die Beine hüftbreit, die Füße sind parallel.

▲ Die Hände befinden sich zunächst auf der Hüfte. Mit der Einatmung ziehen Sie die Wirbelsäule nach oben und öffnen die Brust. Mit der Ausatmung beugen Sie sich nach vorn und führen die Arme mit nach unten.

▲ Wenn Sie mit den Händen den Boden berühren, halten Sie mit Mittel- und Zeigefinger den großen Zeh. Wer das nicht schafft, berührt die Beine weiter oben.

▲ Die Beine sind gestreckt und leicht angespannt.

▲ Der Rücken sollte seine Länge behalten.

▲ Die Kopfkrone zieht nach unten.

▲ Bleiben Sie fünf Atemzüge in dieser Haltung.

▲ Mit der Einatmung heben Sie den Kopf.

▲ Mit der Ausatmung bringen Sie die Hände zur Hüfte und kommen dann mit der Einatmung zurück in die Berg-Haltung.

Krieger I
(Virabhadrasana I)

▲ Sie befinden sich in der Berg-Stellung (Seite 10) und bringen die Fingerspitzen vor dem Brustbein zusammen. Springen Sie mit der Ausatmung in die Grätsche, etwa eine Beinlänge auseinander. Die Arme öffnen sich gleichzeitig in Schulterhöhe.

▲ Drehen Sie zuerst das rechte Bein 90 Grad nach außen und dann das hintere etwa 30 Grad nach innen. Achten Sie darauf, dass die Außenkante des hinteren Fußes am Boden bleibt.

▲ Drehen Sie den Oberkörper und die Hüfte zur rechten Seite.

▲ Nehmen Sie die Arme gestreckt nach oben über den Kopf, die Handflächen berühren sich, blicken Sie in Richtung Daumen.

▲ Drehen Sie die Oberarme nach innen und zueinander, um Raum zwischen den Schulterblättern zu schaffen.

▲ Während der Oberkörper und die Arme nach oben wachsen, beugen Sie das rechte Knie. Achten Sie darauf, dass es über der Ferse einen rechten Winkel bildet.

▲ Bleiben Sie fünf Atemzüge in dieser Haltung und wechseln Sie dann über die Mitte zur linken Seite.

▲ Im Anschluss gehen Sie gleich in die nächste Haltung über.

▲ Die Bandhas sind aktiviert.

▲ Die Schultern ziehen leicht nach unten, während sich die Arme auseinander dehnen. Schaffen Sie Raum zwischen den Schulterblättern.

▲ Der Nacken ist lang. Drehen Sie den Kopf zur rechten Seite und schauen Sie über die Hand.

▲ Bleiben Sie fünf Atemzüge in der Position und wechseln Sie über die Mitte zur linken Seite.

Krieger II
(Virabhadrasana II)

▲ Sie stehen im Krieger I (Seite 16). Mit der Ausatmung drehen Sie Oberkörper und Hüfte zur Seite. Gleichzeitig senken Sie die Arme auf Schulterhöhe.

▲ Der Oberkörper befindet sich genau über dem Becken, so dass die Wirbelsäule eine Vertikale bildet und sich nach oben dehnt.

▲ Das hintere Bein ist gestreckt, die Außenkante vom leicht nach innen gedrehten Fuß steht fest auf dem Boden.

▲ Das rechte Knie befindet sich über dem rechten Knöchel.

Tipp

Der Blick ist sanft und entspannt, spüren Sie die Power von dieser Haltung und lassen Sie die Energie mit Leichtigkeit durch die Arme fließen, während Sie stabil und fest auf der Erde stehen.

Gestreckte seitliche Winkelhaltung
(Parshvakonasana)

▲ Sie stehen im Krieger II (Seite 17, zur rechten Seite).

▲ Mit der Ausatmung bringen Sie die rechte Hand an die Innenseite von Ihrem rechten Fuß auf den Boden. Das rechte Bein bildet im Kniegelenk einen rechten Winkel.

▲ Drücken Sie dann leicht mit dem rechten Arm gegen das gebeugte Bein, um die Hüfte zu öffnen.

▲ Drehen Sie den Oberkörper auf, nach oben in Richtung Decke und strecken Sie den linken Arm über das linke Ohr zur Seite.

▲ Die Bandhas sind aktiviert.

▲ Bleiben Sie fünf Atemzüge in dieser Haltung.

▲ Mit der Einatmung kommen Sie nach oben und wechseln zur anderen Seite.

▲ Gehen Sie dann zurück in die Berg-Haltung.

Intensive gestreckte Beindehnung (Prasarita-Padottanasana C)

▲ Mit dieser Haltung erhöhen Sie die Lungenkapazität (Foto Seite 14).

▲ Aus der Berg-Haltung (Seite 10) springen Sie in die Grätsche, die Füße sind parallel.

▲ Verschränken Sie nun die Finger hinter dem Rücken.

▲ Mit der Einatmung strecken Sie die Wirbelsäule, öffnen die Brust, ziehen die Schulterblätter zusammen und ziehen die Arme nach unten.

▲ Die Bandhas sind wieder aktiviert.

▲ Mit der Ausatmung beugen Sie sich nach vorn und bringen die Arme soweit es geht von hinten über den Kopf in Richtung Boden.

▲ Die Beine bleiben gestreckt und angespannt.

▲ Bleiben Sie fünf Atemzüge in dieser Haltung.

▲ Mit der Einatmung kommen Sie nach oben und gehen wieder in die Berg-Haltung.

Standwaage (Krieger III, Virabhadrasana III)

▲ Aus der Berg-Haltung (Seite 10) heraus heben Sie mit der Einatmung beide Arme über die Seite in Schulterhöhe.

▲ Aktivieren Sie die Bandhas und spannen Sie das linke Bein an.

▲ Mit der Ausatmung neigen Sie den Oberkörper nach vorn, gleichzeitig heben Sie das rechte Bein nach hinten. Oberkörper und rechtes Bein bilden eine Waagerechte.

▲ Wenn Sie sich stabil und sicher fühlen, nehmen Sie die Arme von der Seite nach vorn, so dass sich die Handflächen berühren.

▲ Richten Sie den Blick auf einen fixen Punkt, um das Gleichgewicht besser halten zu können.

▲ Bleiben Sie fünf Atemzüge in dieser Haltung und wiederholen Sie das Ganze auf der anderen Seite.

Die sitzenden Haltungen

Die sitzenden Haltungen machen den Rücken geschmeidig und den Geist frei. Sie erhalten die Beweglichkeit unseres Rückgrats, so bewahren wir uns ein Gefühl von jugendlicher Lebendigkeit.

Stab
(Dandasana)

▲ Das ist die Grundhaltung aller Sitzhaltungen: Setzen Sie sich mit ausgestreckten Beinen auf den Boden.

▲ Die Wirbelsäule ist aufrecht wie ein Stab. Falls Ihnen das schwer fallen sollte, setzen Sie sich etwas erhöht auf ein Kissen oder eine gefaltete Decke und beugen ein wenig die Knie.

▲ Beide Arme befinden sich neben dem Körper. Drücken Sie die Handflächen fest in den Boden, um den Rücken bei der Aufrichtung zu unterstützen.

▲ Die Bandhas sind aktiviert.

▲ Die Beine sind aktiv: Schieben Sie die Fersen nach vorn, spannen Sie die Oberschenkel leicht an und drücken Sie die Sitzknochen fest in den Boden.

▲ Bleiben Sie fünf Atemzüge in dieser Haltung, richten Sie die Aufmerksamkeit vollständig nach innen.

Tipp

Sie können am Anfang bei allen sitzenden Haltungen den Rücken mit einer Erhöhung unterstützen! Ihr Rücken wird es Ihnen danken.

Volle Vorwärtsbeuge
(Paschimottanasana)

▲ Aus der Stab-Haltung (Seite 21) heraus beugen Sie sich mit der Ausatmung weit nach vorn über die Beine. Versuchen Sie die Füße zu greifen.

▲ Ziehen Sie die Wirbelsäule dabei in die Länge. Kopf und Nacken bilden eine Gerade mit dem Rücken.

▲ Bleiben Sie fünf Atemzüge in dieser Haltung.

▲ Mit der Einatmung heben Sie Kopf und Rücken.

▲ Mit der Ausatmung kommen Sie zurück nach oben.

Tipp

Ist der Rücken sehr steif, beugen Sie ein wenig die Knie oder »verlängern« die Arme, indem Sie ein Handtuch um die Füße legen.

Vinyasa

▲ Es dient dazu die Dynamik und Erwärmung des Körpers zwischen den Asanas beizubehalten. Teile des Sonnengrußes sind darin enthalten.

▲ Sie beenden das soeben vollbrachte Asana in der Grundhaltung, dem Stab.

▲ Kreuzen Sie die Beine. Mit der Einatmung drücken Sie sich mit den Händen, die neben der Hüfte sind, vom Boden ab.

▲ Ziehen Sie die Beine dabei nah zur Hüfte heran. Mit der Ausatmung schwingen Sie mit dem Körper zwischen den Armen nach hinten in den Liegestütz.

▲ Mit der Einatmung kommen Sie in den Aufschauenden Hund (Seite 9).

▲ Mit der Ausatmung in den Nach unten schauenden Hund (Seite 8).

▲ Mit der Einatmung beugen Sie die Knie und springen durch die Hände zurück zum Sitzen, kommen Sie wieder in die Stab-Haltung und gehen zur nächsten Sitzhaltung über.

Anschließend folgt ein Vinyasa, dann die nächste Sitzhaltung usw.

Tipps

Sollten Sie anfänglich Schwierigkeiten haben, sich nach oben zu stemmen, lassen Sie sich nicht entmutigen, sondern wandeln Sie die Übung wie folgt ab:

- **Nehmen Sie die Hände vor die gekreuzten Beine und springen gleich in den Liegestütz, ohne sich vorher durchzuschwingen.**
- **Sie können sich auch mit der Einatmung einmal nach oben stemmen und dann gleich zur nächsten Sitzhaltung übergehen.**
- **Sollte Ihnen das alles für den Anfang zu viel und zu anstrengend sein, lassen Sie das Vinyasa erst einmal aus.**

▲ Sind Sie schon etwas geübter, winkeln Sie das linke Bein nach innen an, so dass der linke Fuß an der Außenseite der rechten Gesäßhälfte ist. Beide Gesäßhälften bleiben fest am Boden.

▲ Stützen Sie die rechte Hand hinter sich auf den Boden und richten Sie den Rücken auf. Drehen Sie den Oberkörper so weit es geht in die von der rechten Schulter vorgegebene Richtung.

▲ Umgreifen Sie das rechte Knie mit dem linken Arm und benutzen Sie diesen als Hebel, um die Flexibilität in der Wirbelsäule zu erhöhen. Achten Sie darauf, dass die Wirbelsäule gerade ist!

▲ Mit jeder Ausatmung erhöhen Sie immer wieder den Drehwinkel, heben Sie dabei den Rücken und den Brustkorb an.

▲ Bleiben Sie fünf Atemzüge in dieser Haltung und wiederholen Sie das Ganze auf der linken Seite.

▲ Fällt Ihnen diese Haltung leicht, führen Sie mit der Ausatmung den rechten Arm durch das linke Bein und greifen nach dem linken Handgelenk.

Drehsitz

▲ Die Drehsitze öffnen den Übergang von der Brust- zur Lendenwirbelsäule und massieren die inneren Organe. In den Schriften steht, sie öffnen das Tor zur Mitte.

▲ In der Stab-Stellung sitzend stellen Sie das rechte Bein über das linke. Der rechte Fuß befindet sich an der Außenseite vom linken Knie.

▲ Für den Anfang bleiben Sie in dieser Position.

Boot
(Navasana)

▲ Das Boot verleiht Ihnen Kraft und Stärke, mit einem gleichmäßig ruhigen Atem gleiten Sie nun mit Gelassenheit durch den Alltag.

▲ Aus der Stab-Haltung heraus beugen und umfassen Sie mit der Einatmung die Knie. Ziehen Sie beide Beine so nah wie möglich an den Körper. Versuchen Sie nun mit Ihrem Gewicht lediglich auf den Sitzknochen zu balancieren.

▲ Strecken Sie die Arme in Schulterhöhe nach vorn, die Handflächen zeigen zueinander.

▲ Aktivieren Sie jetzt die Bandhas.

▲ Heben Sie die Unterschenkel bis zur Waagerechten.

▲ Achten Sie beim Üben darauf, dass der Rücken gerade und der Brustkorb leicht angehoben ist.

▲ Blicken Sie nach vorn.

▲ Fällt Ihnen diese Haltung bis jetzt sehr leicht, versuchen Sie die Beine ganz durchzustrecken. Schauen Sie dann zu den Zehen.

▲ Bleiben Sie fünf Atemzüge in dieser Haltung.

▲ Fühlen Sie sich voller Energie, wiederholen Sie die Haltung dreimal.

Gebundene Winkelhaltung

(Baddha-Konasana)

▲ Sie sitzen in der Stab-Haltung und ziehen mit der Einatmung beide Füße zu sich heran.

▲ Öffnen Sie die Beine und bringen Sie die Knie in Richtung Boden.

▲ Die Füße sind nah zusammen. Öffnen Sie sie wie ein aufgeschlagenes Buch mit den Händen. Der Daumen liegt dabei unter dem Zehenballen. Dies erleichtert die Öffnung der Hüfte.

▲ Die Oberarme sind nah am Körper, ziehen Sie den Rücken in die Länge.

▲ Die Bandhas sind aktiviert.

▲ Verbleiben Sie erst einmal fünf Atemzüge in dieser Position.

▲ Fällt Ihnen die Ausführung der Übung leicht, führen Sie den Oberkörper mit gestrecktem Rücken und leicht nach vorn geneigtem Kinn soweit es geht in Richtung Boden. Achten Sie darauf, dass die Schultern entspannt bleiben und nicht nach oben ziehen.

▲ Bleiben Sie fünf Atemzüge in dieser Haltung.

Grätsche
(Upavistha-Konasana)

▲ Aus der Stab-Haltung öffnen Sie beim Ausatmen die Beine so weit wie möglich zur Seite.

▲ Mit der Einatmung richten Sie den Rücken nochmals bewusst auf und heben den Brustkorb etwas an. Die Hände befinden sich in der Mitte auf dem Boden.

▲ Die Beine sind aktiv. Schieben Sie die Fersen weit nach vorn und spannen Sie die Oberschenkelmuskulatur leicht an.

Tipp

Setzen Sie sich etwas erhöht, falls es Ihnen Schwierigkeiten bereitet den Rücken und das Becken aufzurichten. Sie werden trotzdem von der Stellung profitieren und die Dehnung intensiv wahrnehmen. Sie schonen dabei aber die Wirbelsäule!

▲ Die Zehenspitzen und Knie zeigen nach oben in Richtung Decke, nicht zur Seite.

▲ Die Bandhas sind aktiviert.

▲ Fällt Ihnen das bis jetzt leicht, kommen Sie mit den Händen und dem Rücken immer weiter nach vorn. Sie können auch versuchen die Füße mit den Händen zu berühren. Die Sitzknochen bleiben dabei fest auf dem Boden.

▲ Bleiben Sie fünf Atemzüge in dieser Haltung.

Der Weg zur inneren Ruhe

Nach der intensiven körperlichen Aktivität ist es nun wichtig, den Körper und den Atem wieder etwas zu beruhigen und sich somit langsam auf die Entspannung vorzubereiten.

Schulterbrücke

▲ Bei der Schulterbrücke gelangt die Luft beim Einatmen bis tief in die Lungenspitzen und versorgt so den Körper optimal mit Sauerstoff. Das schafft ein Gefühl von Weite und Wohlbefinden.

▲ Auf dem Rücken liegend winkeln Sie beide Beine an und stellen die Füße hüftbreit auf.

▲ Das Steißbein und der Scheitelpunkt dehnen sich weit voneinander weg, so dass die Wirbelsäule maximal gestreckt ist.

▲ Beide Arme liegen gestreckt mit den Handflächen nach unten nah neben dem Körper.

▲ Die Bandhas sind beim Üben aktiviert.

▲ Mit der nächsten Ein atmung heben Sie zuerst das Becken, dann den ganzen Rücken Wirbel für Wirbel vom Boden. Mit der Ausatmung senken Sie den Rücken und das Becken wieder.

▲ Wiederholen Sie diese Bewegung drei- bis fünfmal.

▲ Aus der gleichen Ausgangsstellung heraus stellen Sie die Füße nun noch näher in Richtung Körper, heben wieder mit der Einatmung den Rücken und verschränken die Hände unter dem Rücken.

▲ Arme und Schultern rollen nach außen, die Brust wird maximal geöffnet.

▲ Bleiben Sie fünf Atemzüge in dieser Haltung.

Als Umkehrhaltungen werden die Asanas bezeichnet, bei denen der Kopf tiefer als das Herz gehalten wird. Kerze und Kopfstand sind die beiden bekanntesten.
Die Haltungen revitalisieren, energetisieren und erfrischen den Körper von innen. Ihre anregende, stimulierende und zugleich beruhigende stabilisierende Wirkung auf das Nervensystem verbreitet ein großes Gefühl des Wohlbefindens.
Sie haben auch eine ausgleichende Wirkung auf das Verdauungssystem, zum Beispiel bei Verstopfung.
Da das Blut vermehrt und leichter in Richtung Kopf fließt:

- werden Gehirn und Schilddrüse verstärkt mit sauerstoffreichem Blut versorgt.
- wird das Lymphsystem entlastet, zum Beispiel bei schweren Beinen und schwachen Venen.

Schulterstand
(Sarvangasana)

- Er wird auch Königin der Asanas genannt.
- Legen Sie sich auf eine Decke oder Matte.
- Mit der Einatmung bringen Sie die Füße hinter den Kopf.
- Die Arme sind bei dieser Haltung auf dem Boden ausgestreckt. Drehen Sie dabei Schultern und Oberarme nach außen, um Raum im Brustkorb zu schaffen.

Tipp

Am Anfang legen Sie die Füße auf eine Erhöhung, falls die Zehen den Boden noch nicht berühren können.

- Bleiben Sie fünf Atemzüge im **Pflug** (Halasana).
- Wandern Sie nun mit den Zehen immer näher in Richtung Kopf, um die Wirbelsäule mehr und mehr zu strecken. Lösen Sie die Hände und stützen Sie mit ihnen den Rücken ab. Mit der Einatmung beugen Sie die

Knie und strecken die Beine nach oben.

▲ Das Kinn zeigt nach oben, um den Nacken zu entlasten.

▲ Aktivieren Sie die Bandhas und bleiben Sie fünf bis 25 Atemzüge in dieser Stellung. Sie können auch kürzer oder länger in dieser Position verweilen, hören Sie auf Ihren Körper. Der Atem wird nun ruhiger, um den Körper auf den Abschluss einzustimmen.

▲ Kommen Sie nun genauso behutsam Schritt für Schritt aus der Stellung, wie Sie hinein gegangen sind.

Kopfstand
(Sirsasana)

▲ Dieser Stand wird auch König der Asanas genannt.

▲ Knien Sie sich vor eine etwas dickere Decke oder schlagen Sie Ihre Matte ein- bis zweimal um.

▲ Bilden Sie ein Dreieck: Legen Sie die Unterarme vor sich auf die Decke, so dass die Ellbogen schulterbreit voneinander entfernt sind. Legen Sie nun die Kopfkrone auf den Boden. Der Hinterkopf wird von den Händen leicht gestützt.

▲ Bringen Sie die Knie ganz nah zum Kopf, stellen Sie die Zehen auf. Mit der Einatmung strecken Sie die Beine, bis die Wirbelsäule ganz aufrecht ist. Die Ellbogen und Handgelenke drücken fest in den Boden und ziehen somit die Schulterblätter auseinander. Gleichzeitig streben die Schultern und die Hüfte nach oben, um den Nacken zu entlasten.

▲ Am Anfang ist es sinnvoll, in dieser Position erst einmal einige Atemzüge zu verweilen, bis Ihnen das Gefühl »auf dem Kopf zu stehen« vertraut ist. Fühlen Sie sich wohl und sicher in dieser Stellung, führen Sie die im Folgenden beschriebenen Bewegungen aus.

▲ Heben Sie erst ein oder gleich beide Beine langsam vom Boden und ziehen Sie

diese gebeugt ohne Schwung zu sich heran.

▲ Strecken Sie dann beide Beine ganz nach oben aus. Die Körperausrichtung ist wie bei der Berg-Haltung. Der einzige Unterschied besteht darin, dass sie umgedreht ist.

▲ Die Bandhas sind aktiviert.

▲ Verweilen Sie 5 bis 25 Atemzüge oder auch länger, wenn ihnen danach ist, in dieser Stellung und kommen Sie dann genauso behutsam wieder heraus, wie sie hineingegangen sind.

Tipp

Probieren Sie den Kopfstand das erste Mal vor einer Wand. Dabei sollten Sie sich allerdings nicht ganz auf die Wand verlassen. Bauen Sie den Kopfstand langsam auf und bereiten Sie die einzelnen Muskeln darauf vor. Der Nacken bleibt somit geschont. Sobald Ihre Muskeln die dafür nötige Spannkraft und Stärke haben, werden Sie auch sicher stehen.

▲ In der **Kindeshaltung** (Foto Seite 32 rechts unten) ruhen Sie mit der Stirn auf dem Boden und mit dem Gesäß auf den Fersen, der Rist ist ausgestreckt. Die Wirbelsäule wird dabei passiv gedehnt. Die Arme befinden sich nah neben dem Körper, so können die Schultern noch schwerer und ganz entspannt nach unten sinken.

▲ Bleiben Sie unbedingt einige Atemzüge in der Kindeshaltung, damit sich die Blutzirkulation wieder normalisieren kann.

Info

Die Umkehrhaltungen sollten nicht praktiziert werden bei:

- **Bluthochdruck,**
- **Menstruation,**
- **Nackenbeschwerden,**
- **Erkrankungen der Augen (wegen des erhöhten Drucks).**

Lotussitz (Padmasana)

▲ Bevor Sie in die Entspannung übergehen, machen Sie noch einige Atemzüge in einer Sitzhaltung, entweder im Lotus (siehe Foto) oder Sie kreuzen einfach die Beine, wie auf Seite 2 abgebildet.

▲ Halten Sie die Wirbelsäule gerade und ziehen Sie das Kinn leicht heran. Die Bandhas sind noch aktiviert.

▲ Machen Sie 10 bis 25 Atemzüge (oder auch mehr) und spüren Sie, wie sich die jetzt aufgebaute Energie in Ihrem Körper verteilt.

Die Entspannung (Savasana)

▲ Legen Sie sich nun auf den Rücken, öffnen Sie die Beine hüftbreit und lassen dann die Füße locker nach außen kippen. Die Arme liegen etwa in einem Winkel von 30 Grad vom Körper entfernt und sind dabei leicht nach außen gedreht. Das schafft Raum zwischen den Schulterblättern. Die Handflächen zeigen in Richtung Decke.

▲ Ziehen Sie das Kinn ein wenig nach vorn, um den Nacken zu verlängern.

▲ Schließen Sie die Augen und entspannen Sie das Gesicht. Der Kiefer ist dabei locker, die Lippen sind leicht geöffnet.

▲ Geben Sie die ganze Schwere Ihres Körpers an den Boden ab.

▲ Während Sie Ihre Aufmerksamkeit nach innen lenken, können Sie Ihren Atem beobachten, der jetzt immer ruhiger und sanfter wird.

▲ Fällt es Ihnen schwer gedanklich und körperlich loszulassen, dann versuchen Sie ihren ganzen Körper »durchzuscannen«. Sie beginnen bei den Zehen und gehen dann mit der Aufmerksamkeit von unten nach oben zu den einzelnen Körperteilen. Versuchen Sie diese zu entspannen oder sie wie ein innerlicher Beobachter zu betrachten.

▲ Es sollte Ihnen angenehm warm sein. Decken Sie sich zu, falls es Ihnen kalt wird.

▲ Bleiben Sie 5 bis 15 Minuten liegen, auch länger, wenn Ihnen danach ist.

Tipps zur Vorbereitung:

- **Dimmen Sie das Licht.**
- **Ziehen Sie sich eventuell eine Jacke oder Socken an.**
- **Holen Sie sich ein Kissen für den Nacken.**

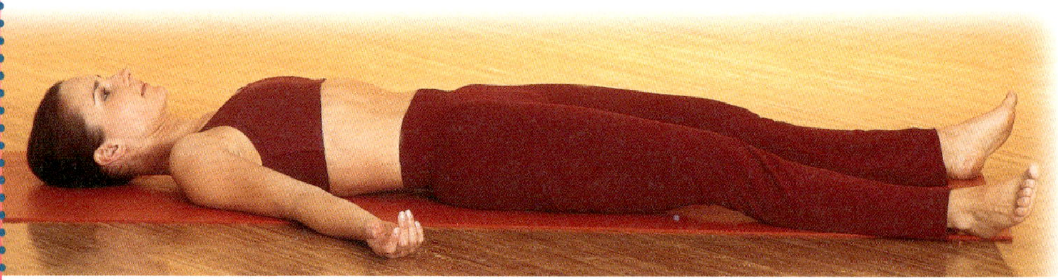